Alma Flor Ada • F. Isabel Cam

EN ALAS DEL CÓNDOR

Ilustradores

Felipe Dávalos
Bruno González
Claudia de Teresa

VISTA™

© Del texto: 2004, Alma Flor Ada y F. Isabel Campoy
© De esta edición:
2022, Vista Higher Learning, Inc.
500 Boylston Street, Suite 620
Boston, MA 02116-3736
www.vistahigherlearning.com

PUERTAS AL SOL / Tierras hispanas B: *En alas del cóndor*

ISBN: 978-1-63113-540-8

Cuidado de la edición: Claudia Baca e Isabel Mendoza
Dirección de arte: Felipe Dávalos
Diseño: Petra Ediciones
Ilustración de portada: Felipe Ugalde y Felipe Dávalos
Montaje de Edición 15 años: GRAFIKA LLC.

ILUSTRADORES
FELIPE DÁVALOS: págs. 1–5
BRUNO GONZÁLEZ: págs. 6–14, 35–41
CLAUDIA DE TERESA: págs. 15–34, 42–48

Published in the United States of America.
5 6 7 8 9 10 11 GP 27 26 25 24 23

A:

Josie Arce

Peter Baird

Kristin Brown

Dick Keiss

Rosa Hernández

Debra Luna

Dulce María Pérez

Jackie Reza

Francisco Reveles

Duarte Silva

Nancy Jean Smith,

transformadores de la vida
en esperanza.

Índice

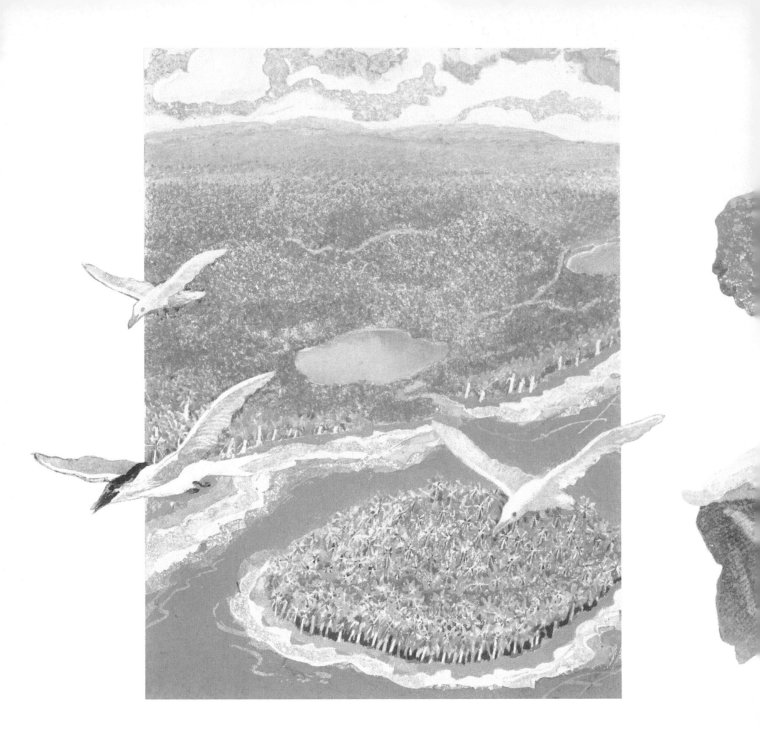

*Los primeros habitantes de Hispanoamérica
encontraron un territorio muy variado y muy extenso.*

Algunos vivían en las islas cálidas,
con mucho sol y una naturaleza generosa.

Otros se internaron en la selva.

Unos vivieron en el desierto.

Otros subieron a lo alto de las montañas,
a vivir casi entre las nubes.

Y las culturas que todos crearon fueron tan
diversas como los sitios que habitaron.

*Los primeros habitantes de Hispanoamérica
respondieron a lo que los rodeaba.*

Utilizaron materiales de la naturaleza
para crear muchas cosas que hoy seguimos usando
y cuyos nombres han pasado a nuestro idioma.
Canoas para viajar por ríos, lagos y hasta por el mar.
Hamacas para dormir y descansar.
Ponchos para cubrirse y abrigarse.

Estas palabras que hoy usamos en español,
y que han pasado a otras lenguas como el inglés,
provienen de lenguas indígenas.
Canoa y *hamaca* vienen del arahuaco,
lengua hablada por comunidades del Caribe
y el Orinoco. *Poncho* viene del quechua, idioma de
un gran número de habitantes de los Andes.

Los primeros habitantes de Hispanoamérica aprendieron de la naturaleza.

Experimentaron con muchas plantas. Estudiaron el uso de sus hojas, raíces, flores, semillas y hasta de la corteza. Descubrieron que muchas plantas son medicinales, es decir, que pueden curar enfermedades.

Por ejemplo, la quina. Los incas usaban su corteza para combatir la fiebre. De ella se extrae hoy la *quinina*, una eficaz medicina contra el paludismo, enfermedad que transmiten los mosquitos.

Cada día aprendemos más sobre el valor de plantas como esta y su uso medicinal.

Los primeros habitantes de Hispanoamérica
vencieron los obstáculos de la naturaleza.

Para protegerse de las inundaciones,
los habitantes de lo que hoy es Venezuela
construyeron sus casas sobre pilotes.

Para vencer las enormes distancias, los incas tendieron
puentes de cuerda sobre los profundos abismos de
las altas montañas de los Andes; construyeron caminos
de piedra, con *tambos* o paradores a cada cierta distancia
para alimentarse o descansar; e idearon un sistema
de corredores de relevo: los *chasquis*.

Estos veloces corredores llevaban mensajes o productos
de extremo a extremo del imperio. En cada tambo
esperaban varios chasquis. Al ver aproximarse a otro
chasqui, uno de ellos salía corriendo en la misma dirección.
Así, el recién llegado, sin dejar de correr, entregaba su
mensaje o producto al nuevo chasqui, que corría a su lado
y seguía hasta el tambo siguiente.

Para poder sembrar en las laderas de las empinadas montañas, los incas construyeron terrazas, una extraordinaria obra de arquitectura.

Regaban entre todos los sembrados cargando
agua en enormes *arívalos*, vasijas de barro que se
ataban a la frente y la espalda.

Los primeros habitantes de Hispanoamérica
admiraban lo que veían.

Y lo reprodujeron, para que nunca se olvidara,
en arcilla, en tejidos, en dibujos…

En esculturas,
en grabados en piedra.

Los primeros habitantes de Hispanoamérica buscaron crear aún más belleza.

Inspirados por la hermosura de la naturaleza, buscaron cómo crear aún más belleza. Decoraron sus cuerpos con pinturas y con plumas.

Crearon joyas extraordinarias
usando oro y piedras preciosas.

Tejieron telas multicolores
y crearon vistosos mantos de plumas.

*Los primeros habitantes de Hispanoamérica
ayudaron a la naturaleza a serles más útil.*

Los taínos y siboneyes de las Antillas
sembraron yuca, y descubrieron cómo hacerla
comestible, rayándola y exprimiéndola en un saco
de algodón para convertirla en *casabe.*

Y usaron peces vivos como anzuelos.
Criaban *guaicanes*, peces que tienen una
ventosa sobre el lomo. Un pescador ataba un
guaicán con una cuerda de algodón por la cola
y lo dejaba nadar. Cuando el guaicán se pegaba
a una tortuga o a un pez más grande, el pescador
tiraba de la cuerda para atrapar a su presa.

Los primeros habitantes de Hispanoamérica crearon fuentes de vida para toda la humanidad.

Comprendieron la riqueza de las plantas y las cultivaron. Seleccionaron con paciencia y cuidado los mejores frutos para sembrar sus semillas. Hasta que los frutos eran cada vez más grandes y de mejor sabor.

Así, una hierba de granos no comestibles,
gracias al esfuerzo continuado año tras año,
se convirtió en maíz. Y alimentó a los pueblos.

Y fue así también como la papa fue teniendo
cada vez más y más alimento.

Los primeros habitantes de Hispanoamérica
le han dado al mundo algunos de sus alimentos
más importantes.

El maíz, la papa, los frijoles, el tomate ¡son todos
originarios de Hispanoamérica!

También son de Hispanoamérica algunos
de los alimentos más deliciosos, como el chocolate,
que se extrae del cacao, y en el idioma náhuatl
de los aztecas se llama *chocolatl*.

Y hasta el chicle, que se extrae de la resina del zapote.
Los aztecas llamaban a esta resina masticable *tzictli*.

Los descendientes de los primeros habitantes
de Hispanoamérica siguen enriqueciendo
y embelleciendo la vida con su música y bailes,
con sus festividades, con sus artesanías.

Con su trabajo, con su inteligencia y su esfuerzo,
con su presencia, con su existencia.